21 TARA
Bilder

SUSANNE ISABEL KRAJANEK

ISBN-10: 1545416370

ISBN-13: 978-1545416372

WIDMUNG

Für alle Wanderer zwischen den hohen Bergen und den weiten Ebenen Nordindiens.
Für Gangotri am Ursprung der Ganga und Bodhgaya in Bihar.

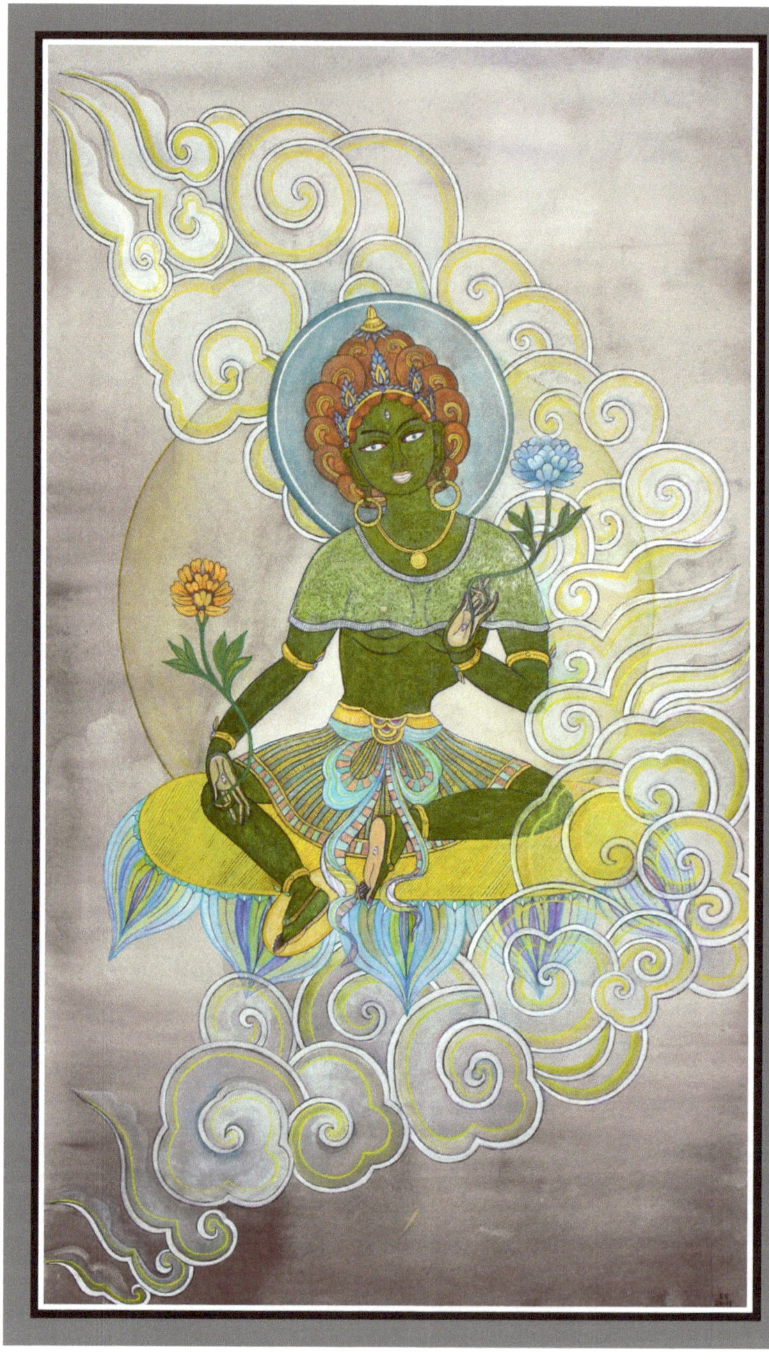

INHALT

8 Tārā die alles Negative überwindet und besondere Kräfte verleiht

Māra-sūdanā vasittôtama-da-tārā

9 Tārā die jede Gunst gewährt

Vara-da-tārā

10 Tārā die alle Sorgen zerstreut

Śoka-vinodana-tārā

11 Tārā Abgesandte aller Wesen die alles Unglück vertreibt

Jagad-vaśī vipan-nirbarhaṇa-tārā

12 Tārā Spenderin allen Wohlstands

Kalyāna-da-tārā

13 Tārā die alles reifen läßt

Paripācaka-tārā

14 Tārā die zornvolle Botin

Bhṛkuṭī-tārā

15 Tārā die große Friedvolle

Māha-śānti-tārā

16 Tārā die alle Anhaftung überwindet

Rāga-niṣūdana-tārā

VORWORT

Ich habe diese Bilder der einundzwanzig Formen Taras zwischen 1990 und 2014, zumeist in Bodhgaya und beim Oberlauf der Ganga gemalt.

Die Erklärung und Beschreibung der Ikonographie fand ich zuerst in dem Buch von Martin Willson „In Praise of Tara“ und auch in der Enzyklopädie Buddhistischer Ikonen „Deities of Tibetan Buddhism - The Zurich Paintings of the Icons Worthwhile to See“ von Martin Willson, Martin Brauen und Robert Beer.

Es hat mir große Freude bereitet die kleinen Blockdrucke zu sehen und die ikonographischen Beschreibungen kennenzulernen, die ihren Ursprung in Indien hatten und von den später gebräuchlichen und mehr bekannten Darstellungsformen ziemlich abweichen.

Da ich einen guten Teil meines Lebens in Indien verbracht habe wollte ich gerne im Einklang mit diesen Beschreibungen malen und in der Folge sind diese schillernden Gottheiten über viele Jahre meine Gefährtinnen gewesen und haben mich in der Kunst des Malens unterrichtet.

Ich habe 1991 mit der dreizehnten Form „Tara die alles reifen läßt“ begonnen und die erste vollständige Serie von 21 Bildern einige Jahre später, 1996, mit der achtzehnten Form „Tara der Siegreichen“ fertiggestellt. Ich bin nicht der Reihenfolge nach vorgegangen, sondern habe immer die meiner aktuellen Situation entsprechende Form gewählt.

In den darauffolgenden Jahren habe ich viele meiner Tara Bilder hergegeben, privat oder im Rahmen von Ausstellungen in Indien und Österreich. Aber während dieser ganzen Zeit bemühte ich mich die vollständige Serie zu erhalten und manche Formen habe ich in verschiedenen Versionen wieder und wieder gemalt, mit sich verändernden Hintergründen und Ornamenten, bin aber immer der originalen ikonografischen Beschreibung von Körperfarbe, Handstellungen und Attributen treu geblieben.

Als zuletzt in 2016 mein allererstes Bild der „Tara, die alles reifen läßt" von einem kleinen Mädchen nach Hause genommen wurde, habe ich den Kreis so vieler Bilder mit einer neuen Version der dreizehnten Form geschlossen.

In diesem Buch möchte ich die aktuelle Serie der Bilder, wie ich sie jetzt habe, zeigen.

Sie sind wirklich ziemlich klein, nur 20 x 20 cm , sehr genau gearbeitet, ausschließlich mit feinem Pinsel, Wasserfarbe auf Papier.

Ich habe zu jedem Bild den originalen Namen und Vers in Sanskrit, wie ich sie in Martin Willsons Buch gefunden hatte, und auch eine deutsche Übersetzung hinzugefügt.

Alle weiteren Erklärungen und Geschichten die Buddhistische Gottheit Tara betreffend, können in den Büchern der Gelehrten gefunden werden, denn ich wollte ja nur malen.

1 . TĀRĀ DIE SCHNELLE HELDENHAFTE
PRAVĪRA-TĀRĀ

namas tāre ture vīre
kṣaṇair-dyuti-nibhêkhṣaṇe
trailokya-nātha-vaktrâbja
vikasat-keśarôdbhave

Ehre Tara, schnelle Heldin,
jeder Blick gleicht einem Blitzstrahl,
aus Lotospollen geboren,
aus Tränen des Drei-Welten-Herrn.

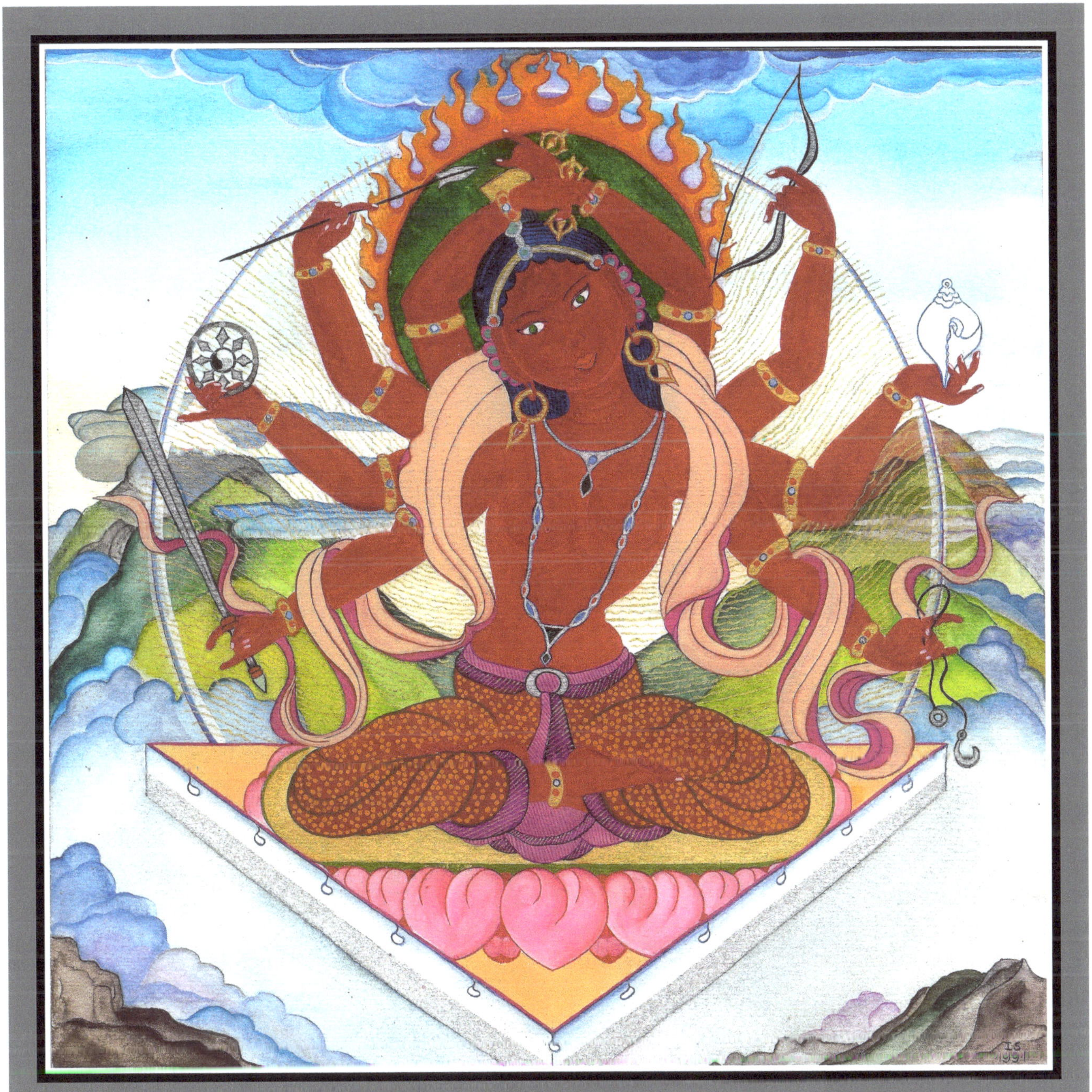
IS
1991

2 . TĀRĀ STRAHLEND WEISS WIE DER HERBSTVOLLMOND
CANDRA-KĀNTI-TĀRĀ

namaḥ śata-śarac-candra-
saṃpūrṇa-paṭalânae
tārā-sahasra-nikara
prahasat-kiraṇôjjvale

Ehre Tara, Antlitz scheinend
wie hundert Monde voll im Herbst.
Strahlend, blendend, Licht verströmend
als wären tausend Sterne eins.

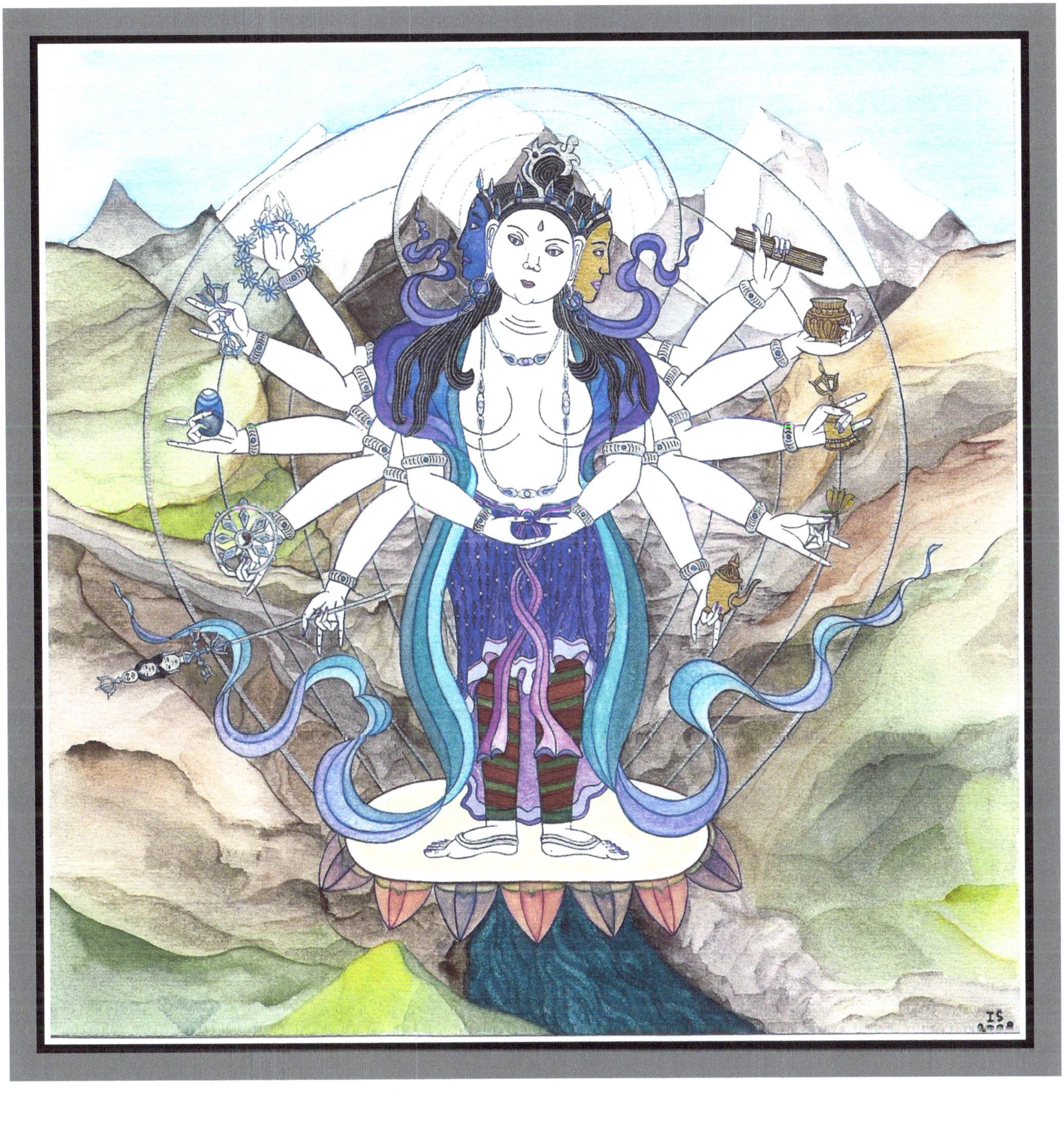

3 . TĀRĀ DER VOLLKOMMENHEITEN
KANAKA-VAṚNA-TĀRĀ

namaḥ kanaka-nīlâbja-
pāṇi-padma-vibhūṣite
dāna-vīrya-tapaḥ-śānti-
titikṣā-dhyāna-gocare

Ehre Ihr, vom Wasser geboren,
blauer Lotos in goldener Hand.
Ihrer ist Entsagung, Ruhe,
Bemühen, Sammlung und Geduld.

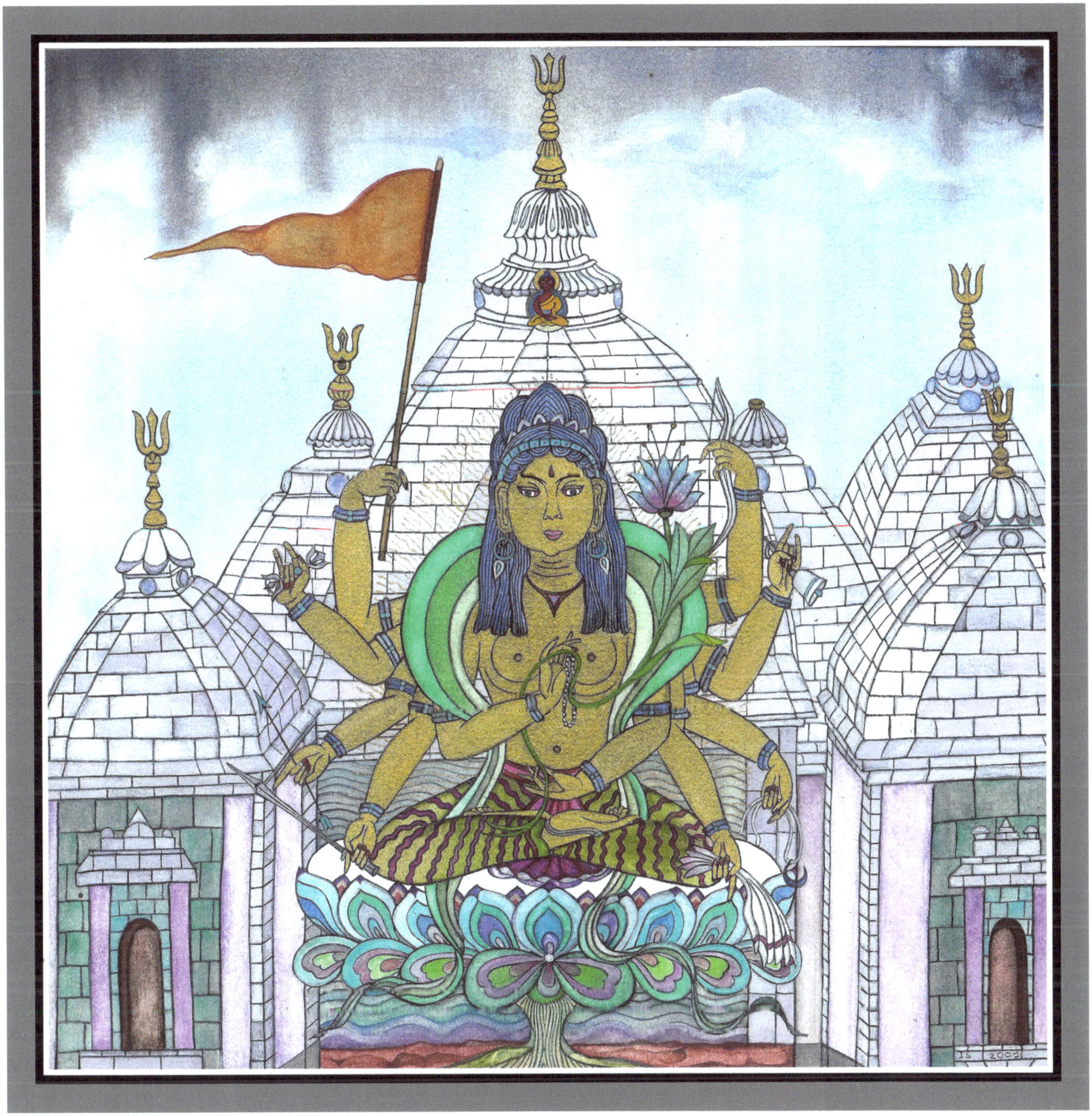

4. TĀRĀ KRONJUWEL DER SIEGREICHEN
UṢṆIṢA-VIJAYA-TĀRĀ

namas tathāgatôṣnīṣa-
vijayânanta-cāriṇi
aśeṣa-pāramitā-prāpta-
jina-putra-niṣevite

Ehre, Kronjuwel der Sieger,
geht voran in großem Triumph.
Ehren Sie der Helden Kinder,
Mutter der Vollkommenheiten.

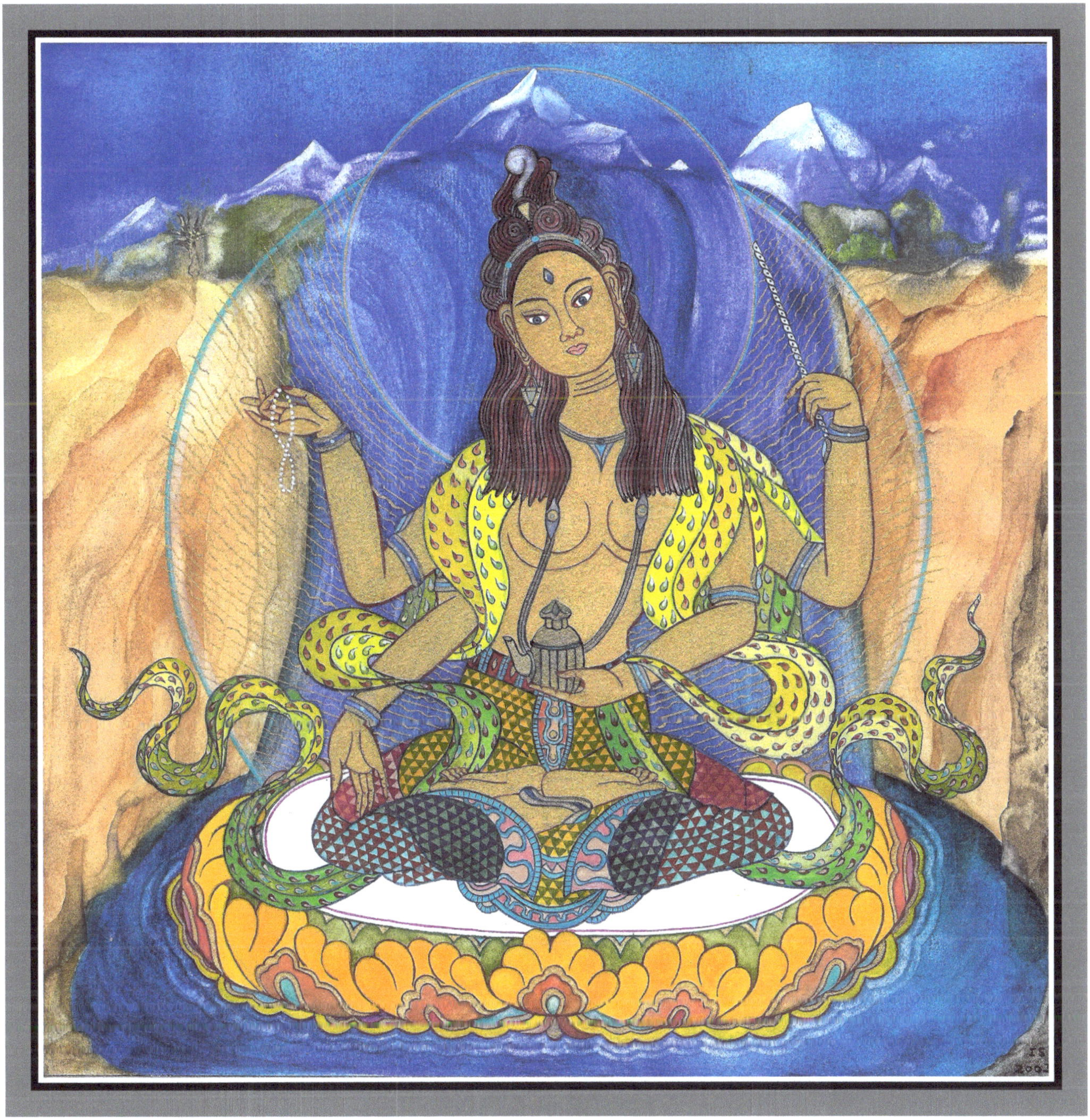

5. TĀRĀ DIE DEN KLANG VON HUM PROKLAMIERT
HŪṂ-SVARA-NĀDINĪ-TĀRĀ

namas tuttāra-hūm-kāra-
puritâśā-dig-antare
sapta-loka-kramâkrānti
aśeṣâkarṣaṇa-kṣame

Ehre Ihr, mit TUTTARE HUM
erfüllt Sie Land und Weltenraum.
Füße trampeln sieben Welten,
Sie herrscht über alle Wesen.

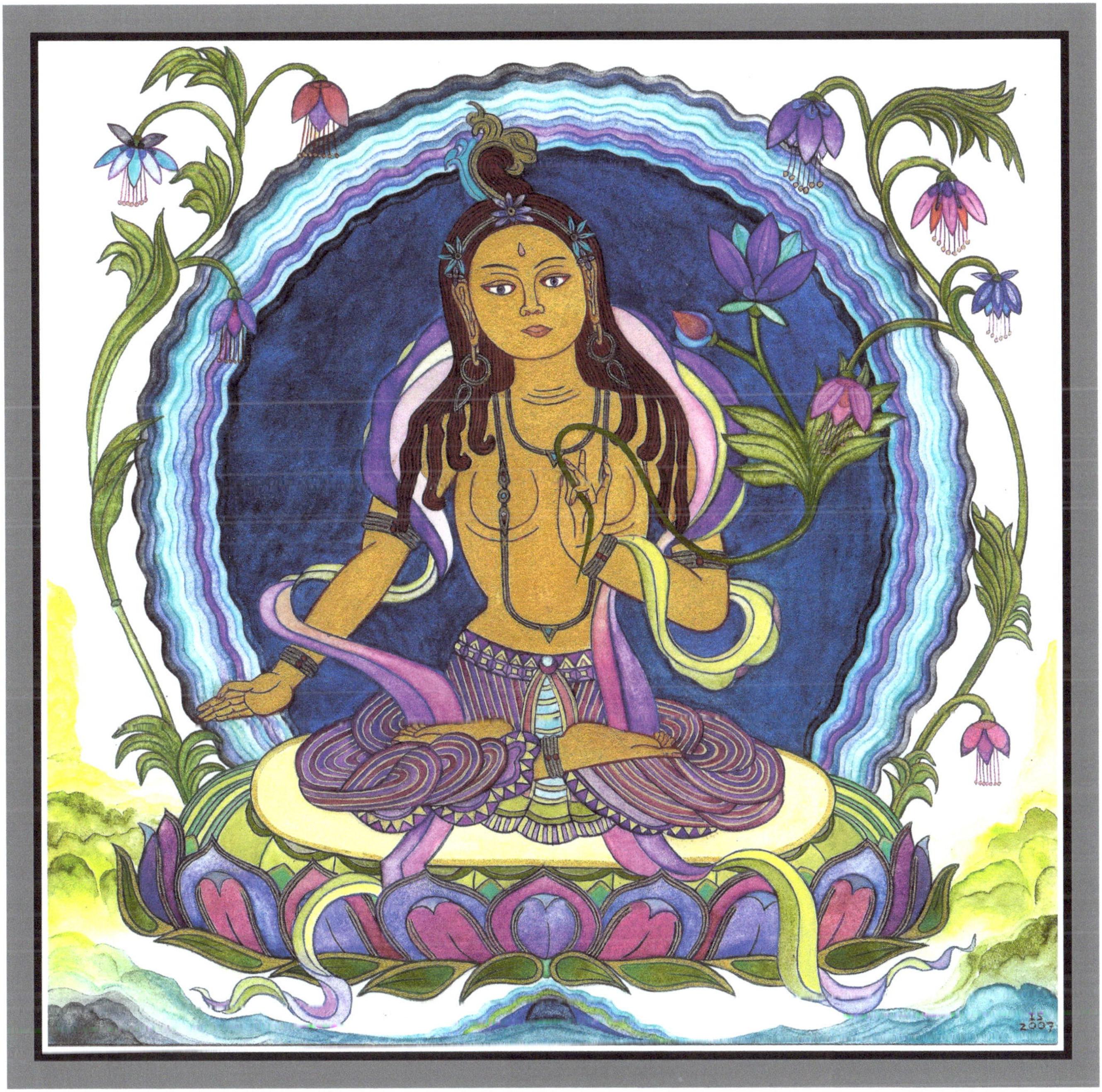
IS
2007

6. TĀRĀ SIEGREICH ÜBER DIE DREI WELTEN
TRAILOKYA-VIJAYA-TĀRĀ

namaḥ śakrânala-brahma-
marud-viśvêśvarârcite
bhūta-vetāla-gandharva-
gaṇa-yakṣa-puras-kṛte

Ehre Tara, Himmelsherren
Śakra, Agni, Brahmā, Marut
rühmen Sie und Engelsscharen
Bhūtas, Vetālas, Gandharvas.

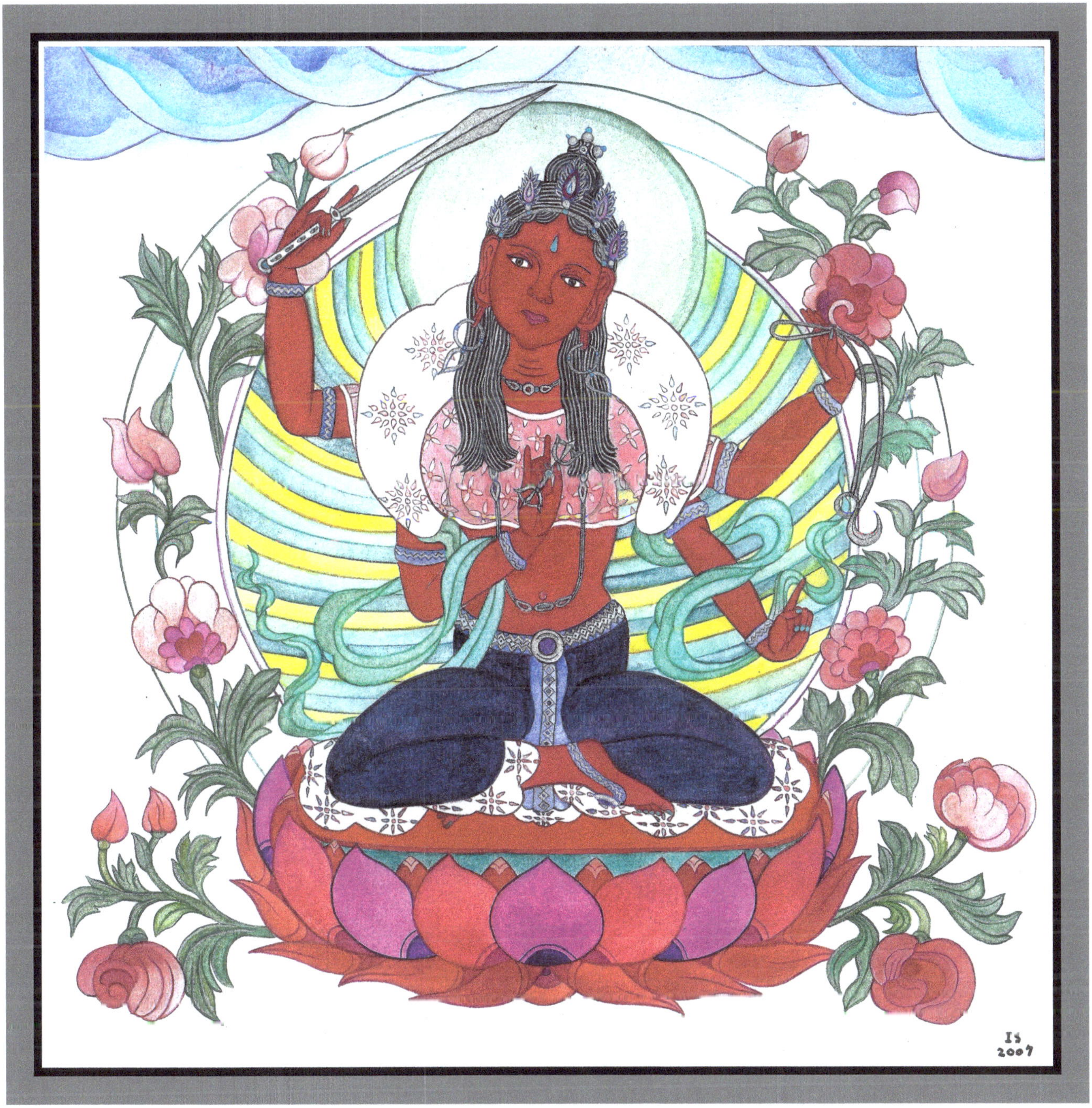
IS
2007

7. TĀRĀ DIE FEINDLICHE KRÄFTE ZERSCHMETTERT
VĀDI-PRAMARDAKA-TĀRĀ

namas traḍ iti phat-kāra-
para-yantra-pramardani
praty-ālīḍha-pada-nyāse
śikhi-jvālakulêkṣaṇe

Ehre Ihr, die TRAT und PHAT ruft,
bricht der Feinde Schadenszauber.
Füße stampfen links vor rechtem,
in den Augen lodern Feuer.

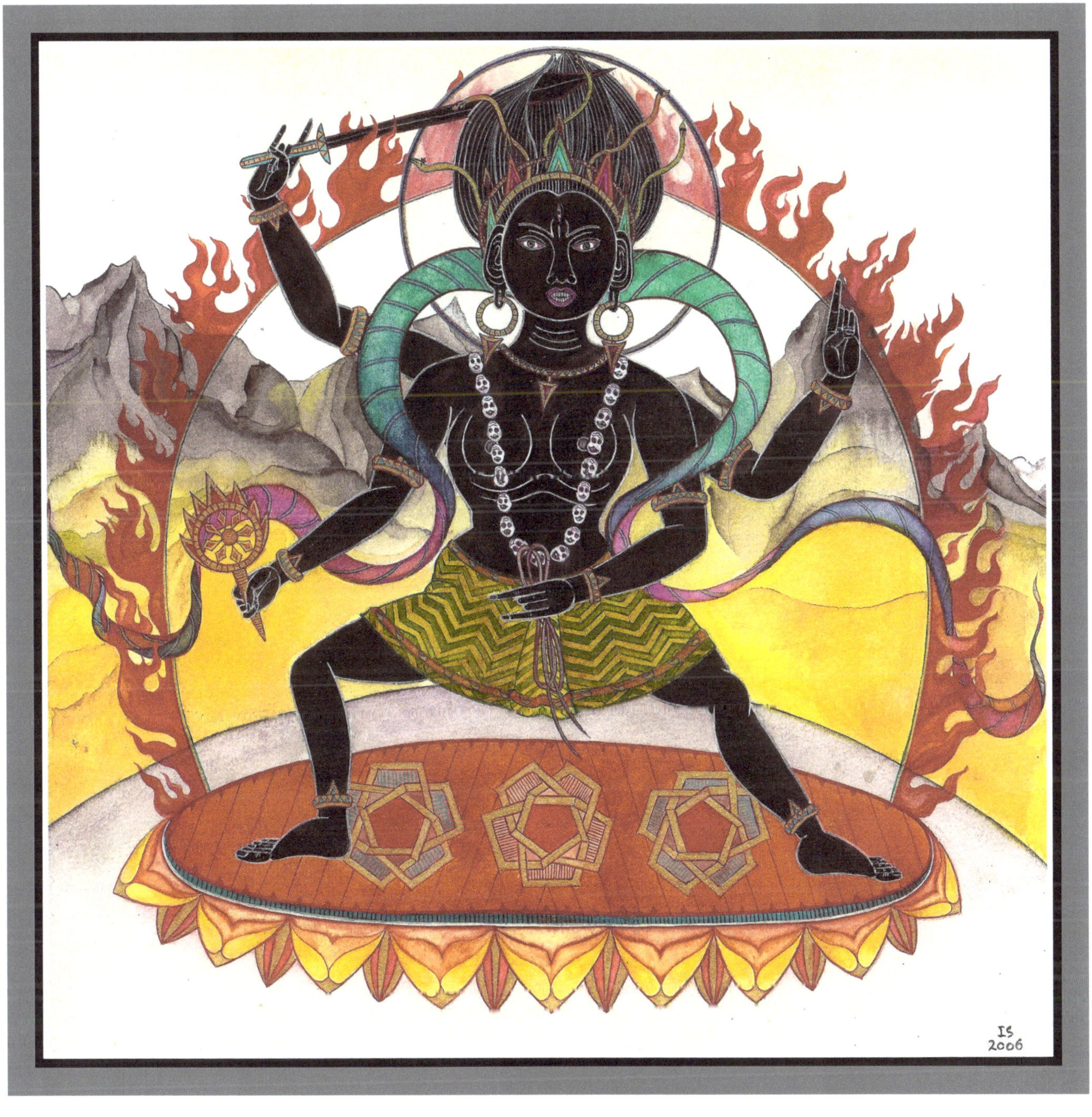
IS
2006

8. TĀRĀ DIE ALLES NEGATIVE ÜBERWINDET UND BESONDERE KRÄFTE VERLEIHT
MĀRA-SŪDANĀ VASITTÔTAMA-DA-TĀRĀ

namas ture mahā-ghore
māra-vīra-vināśani
bhṛkuṭī-kṛta-vaktrâbja-
sarva-śatru-niṣūdani

Ehre TURE, schrecklich zornig,
Maras Streiter schlägt Sie nieder,
zornig glüht Ihr Lotosantlitz
und alle Feinde sind zerstört.

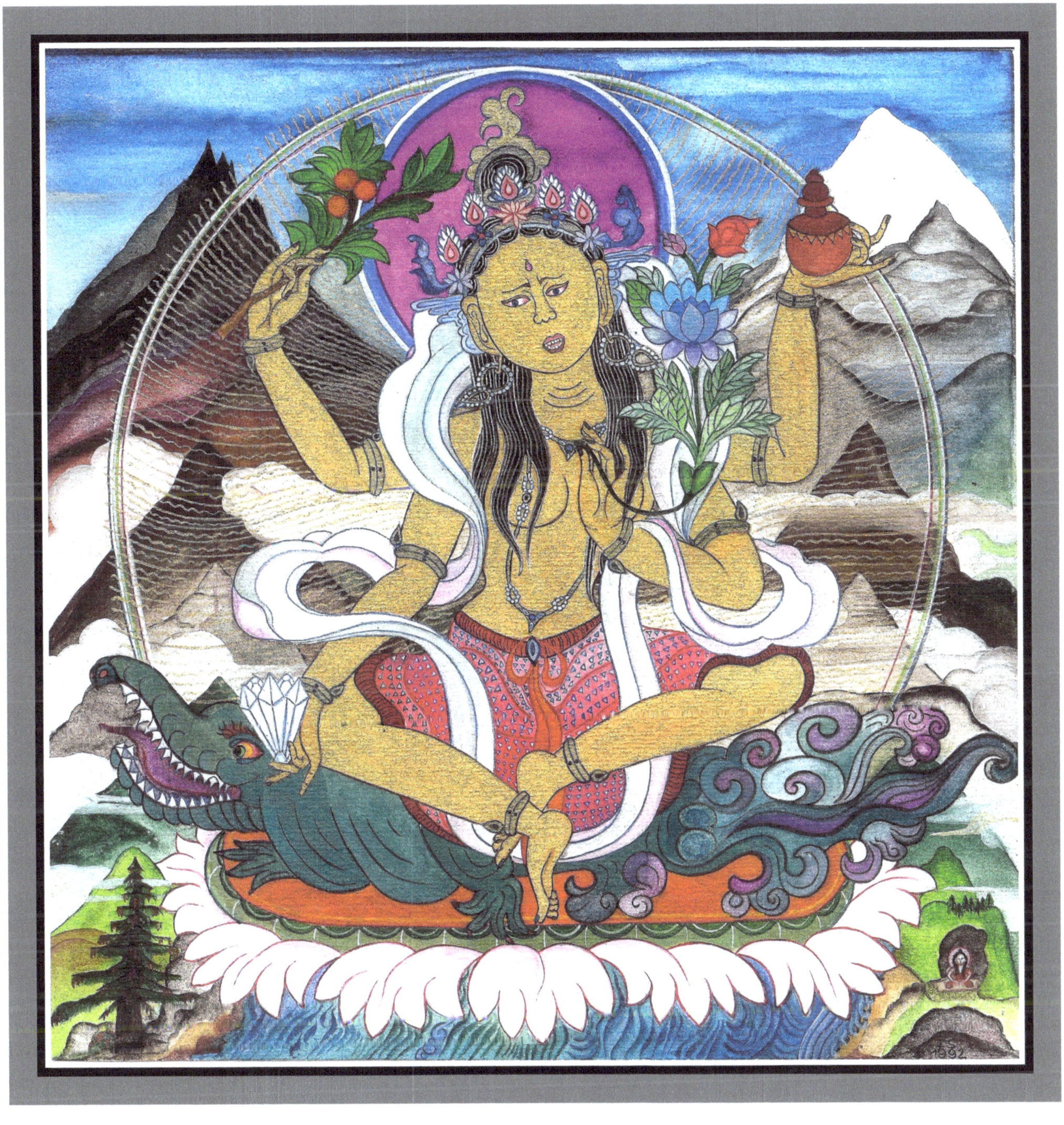
1992

9. TĀRĀ DIE JEDE GUNST GEWÄHRT
VARA-DA-TĀRĀ

namas tri-ratna-mudrâṅka-
hṛdyânguli-vibhūṣite
bhuṣitâśeṣa-dik-cakra-
nikara-sva-karâkule

Ehre, vor dem Herzen Finger
formen Drei-Juwelen-*Mudra*.
Sie schmückt das Rad der Richtungen
voll des innewohnenden Lichts.

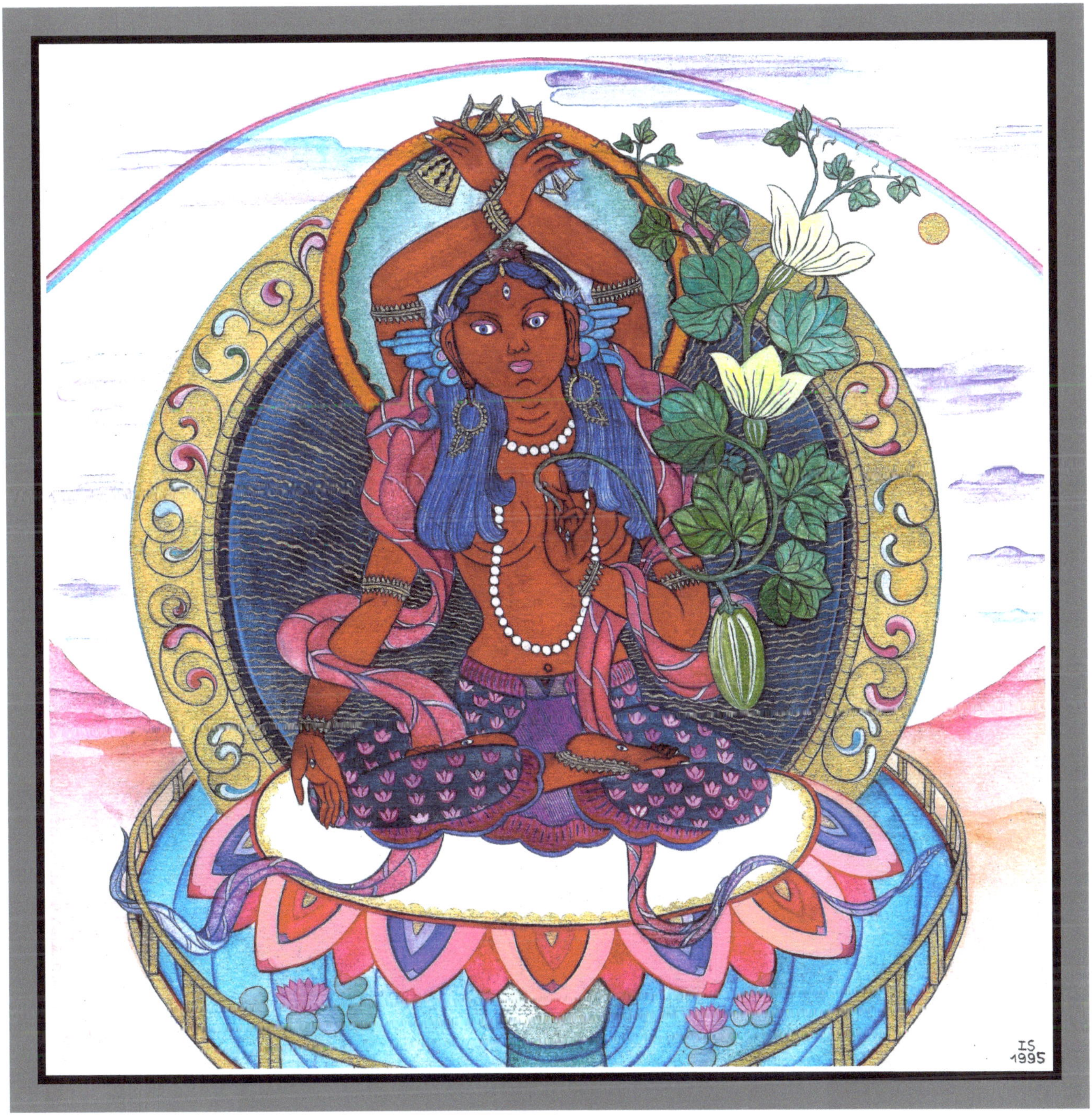
IS
1995

10. TĀRĀ DIE ALLE SORGEN ZERSTREUT
ŚOKA-VINODANA-TĀRĀ

namaḥ pramuditâṭopa-
mukuṭā-kṣipta-mālini
hasat-prahasat-tuttāre
māra-loka-vaśaṃkari

Ehre Ihr, voll großer Freude,
Diadem strahlt Lichtgirlanden.
Lacht Sie fröhlich mit TUTTARA
unterwirft Sie *Devas, Maras.*

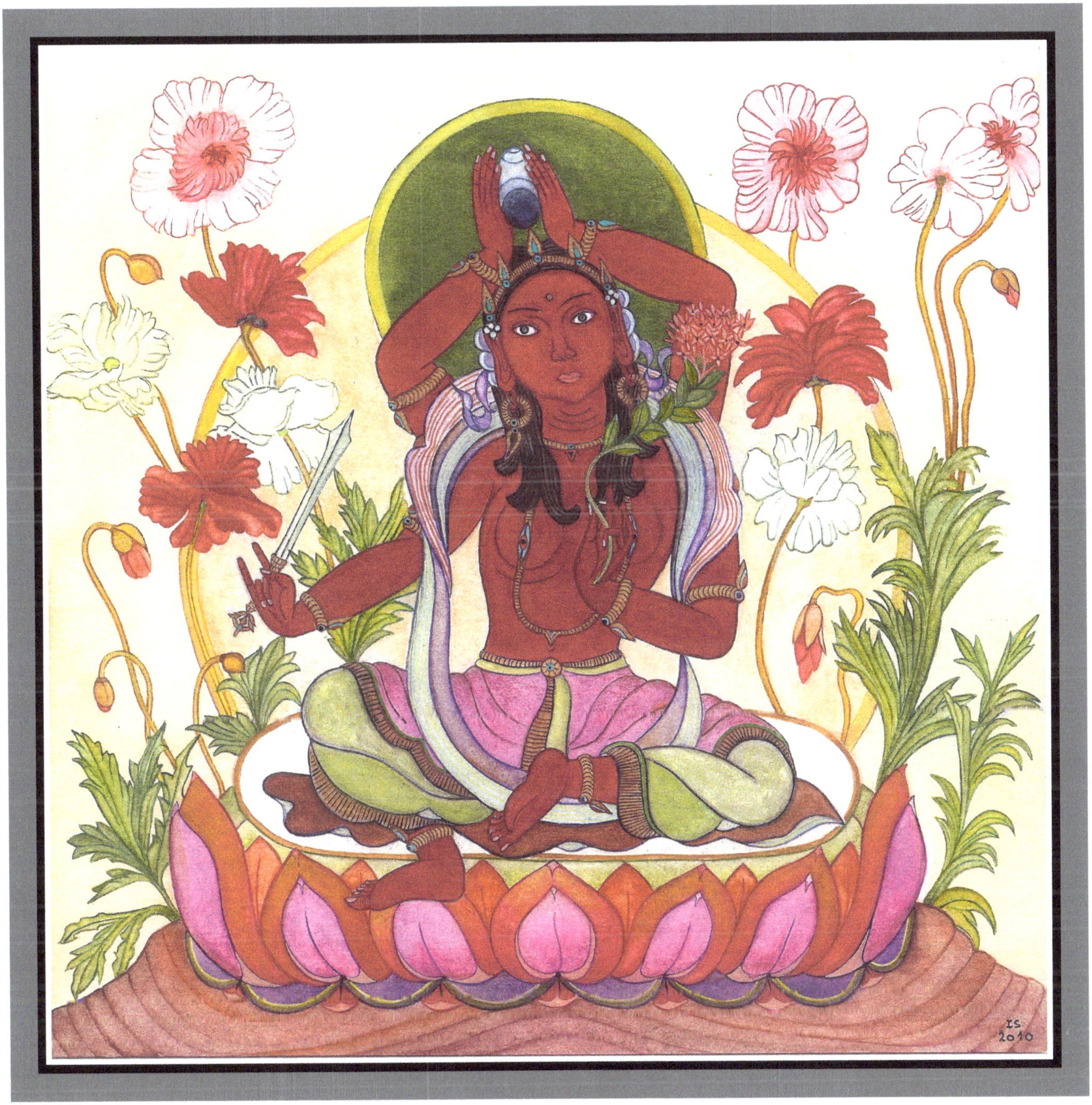

IS
2010

11. TĀRĀ ABGESANDTE ALLER WESEN DIE ALLES UNGLÜCK VERTREIBT
JAGAD-VAŚĪ VIPAN-NIRBARHAṆA-TĀRĀ

namaḥ samanta-bhū-pāla-
paṭalâkarṣana-kṣame
calad-bhṛkuṭī-hūṃ-kāra-
sarvâpada-vimocani

Ehre Ihr, die sie herbeiruft,
vereint die Schützer dieser Welt.
Sie ruft HUM und zornvoll bebend
errettet Sie aus Mißgeschick.

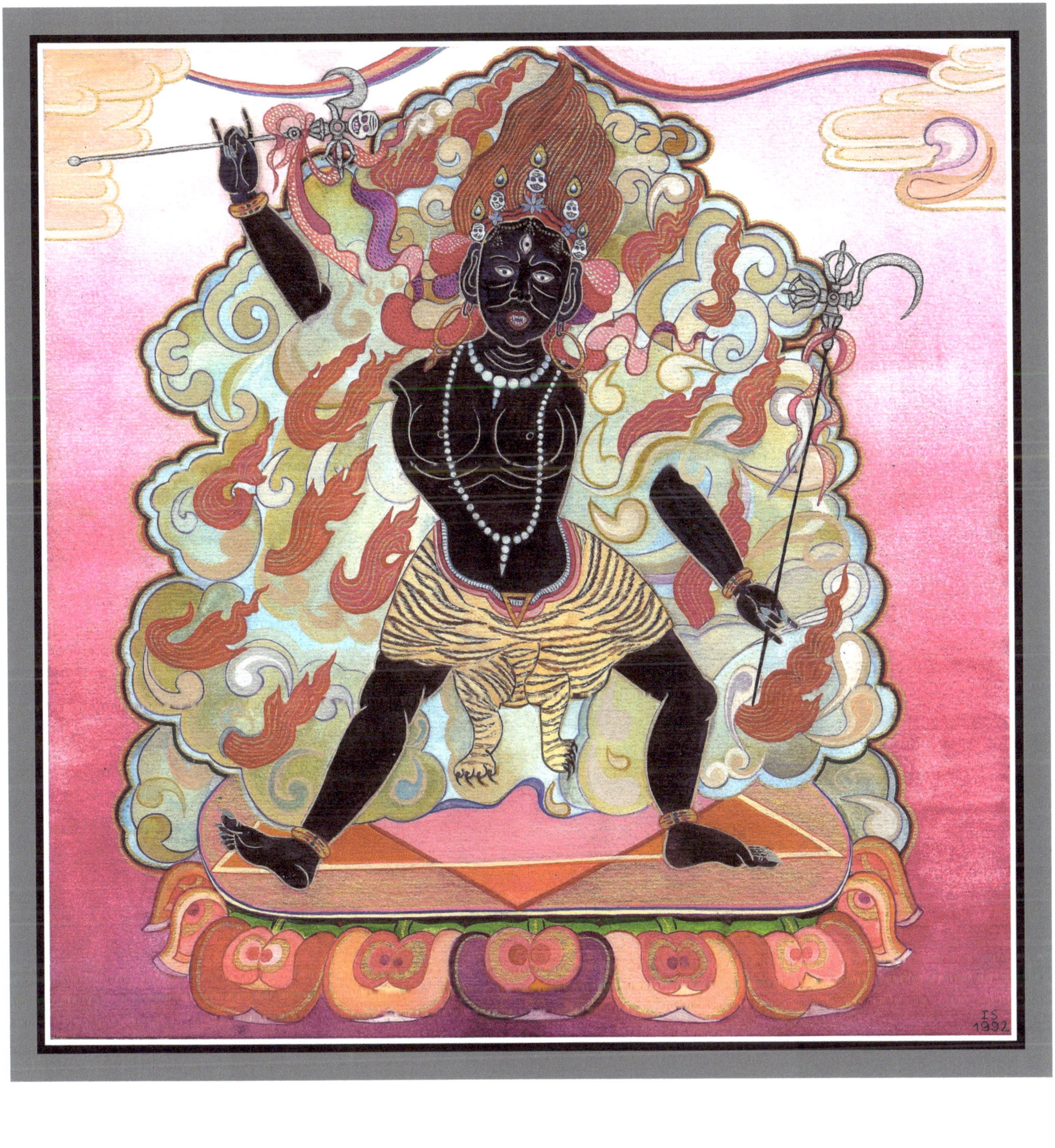
IS
1992

12. TĀRĀ SPENDERIN ALLEN WOHLSTANDS
KALYĀNA-DA-TĀRĀ

namaḥ sikhaṇda-khaṇḍêndu-
mukuṭâbharanojjvale
amithāba-jatā-bhāra-
bhāsure kiraṇa-dhruve

Ehre, Ihre Masse Haar schmückt
des Mondes Sichel Diadem.
Aus dem Knoten Ihrer Haare
strahlt *Amitābha* ewig Licht.

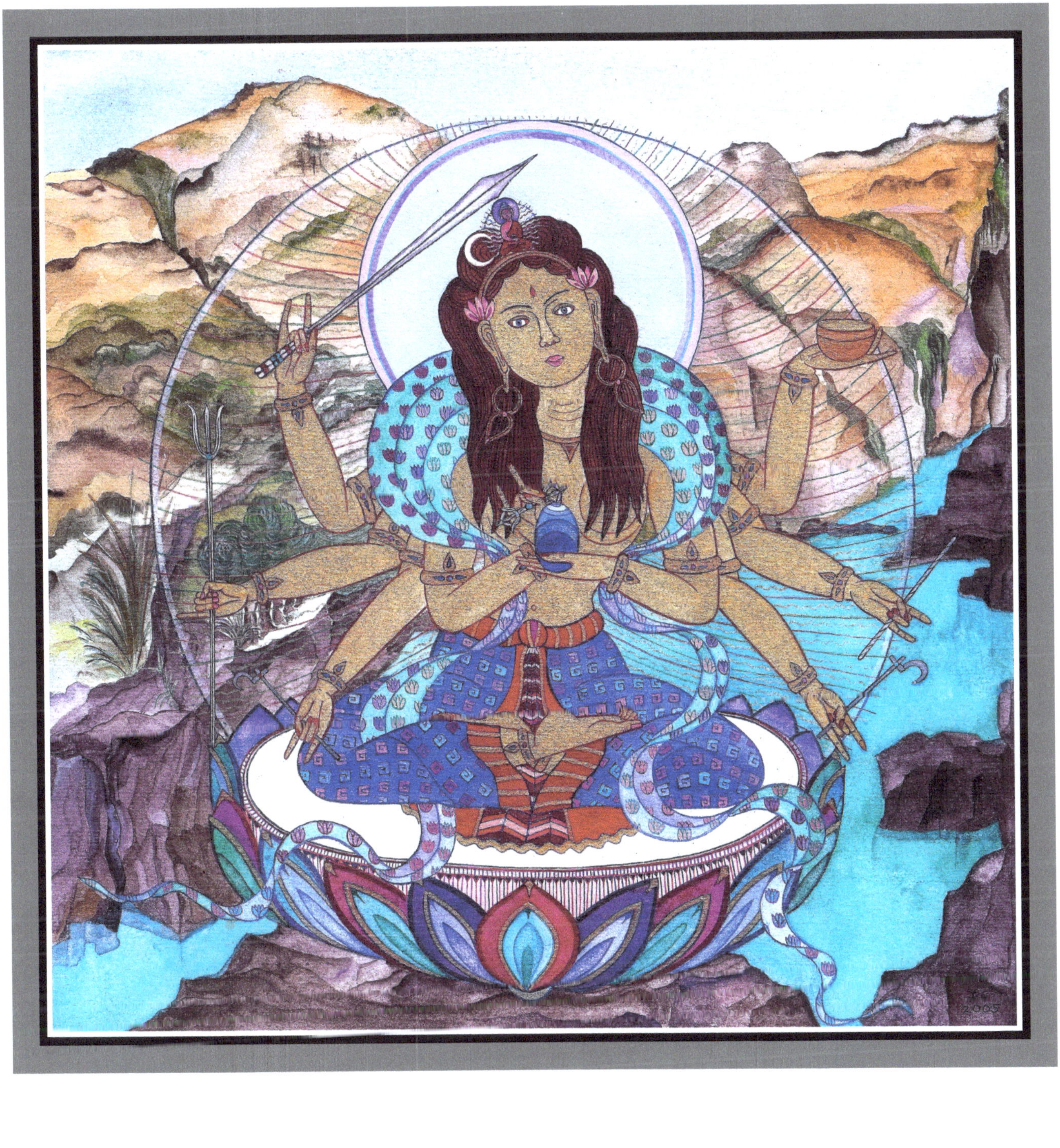

13. TĀRĀ DIE ALLES REIFEN LÄSST
PARIPĀCAKA-TĀRĀ

namaḥ kalpânta-hutabhug-
jvālā-mālântara-sthite
ālīḍha-muditā-bandha-
ripu-cakra-vināśani

Ehre Ihr im Feuerkranze
wie Flammen am Ende der Zeit,
rechtes Bein gestreckt voll Freude
tanzt Sie gegen Feinde zum Sieg.

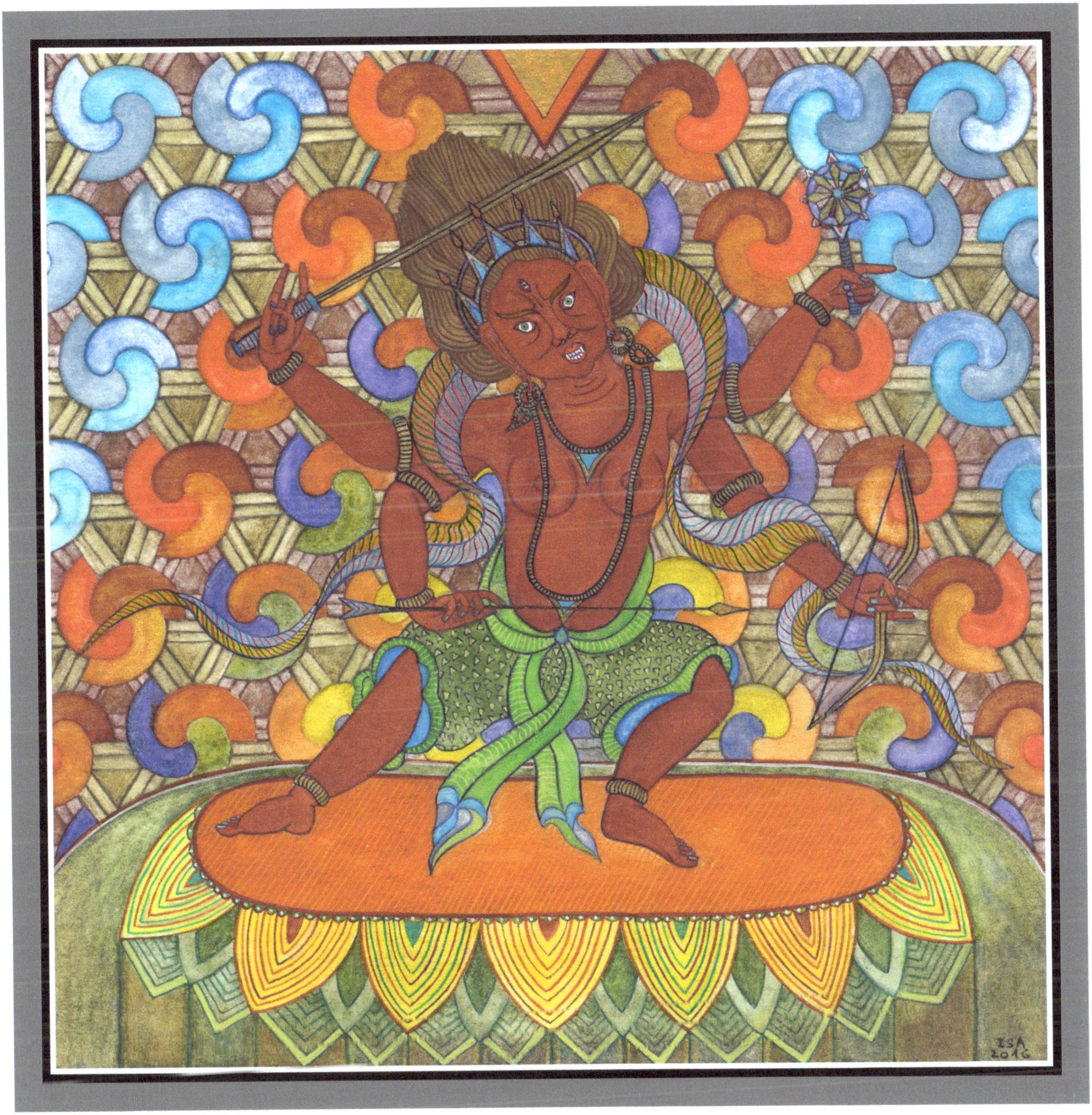
ISA
2016

14. TĀRĀ DIE ZORNVOLLE BOTIN
BHṚKUṬĪ-TĀRĀ

namaḥ kara-talâghāta-
caraṇâhata-bhū-tale
bhṛkuṭī-kṛta-hūṃ-kāra
sapta-pātāla-bhedini

Ehre, Ihre Hände trommeln
Füße stampfen auf der Erde.
Zornvoll drohend ruft Sie HUM aus,
splittert sieben Unterwelten.

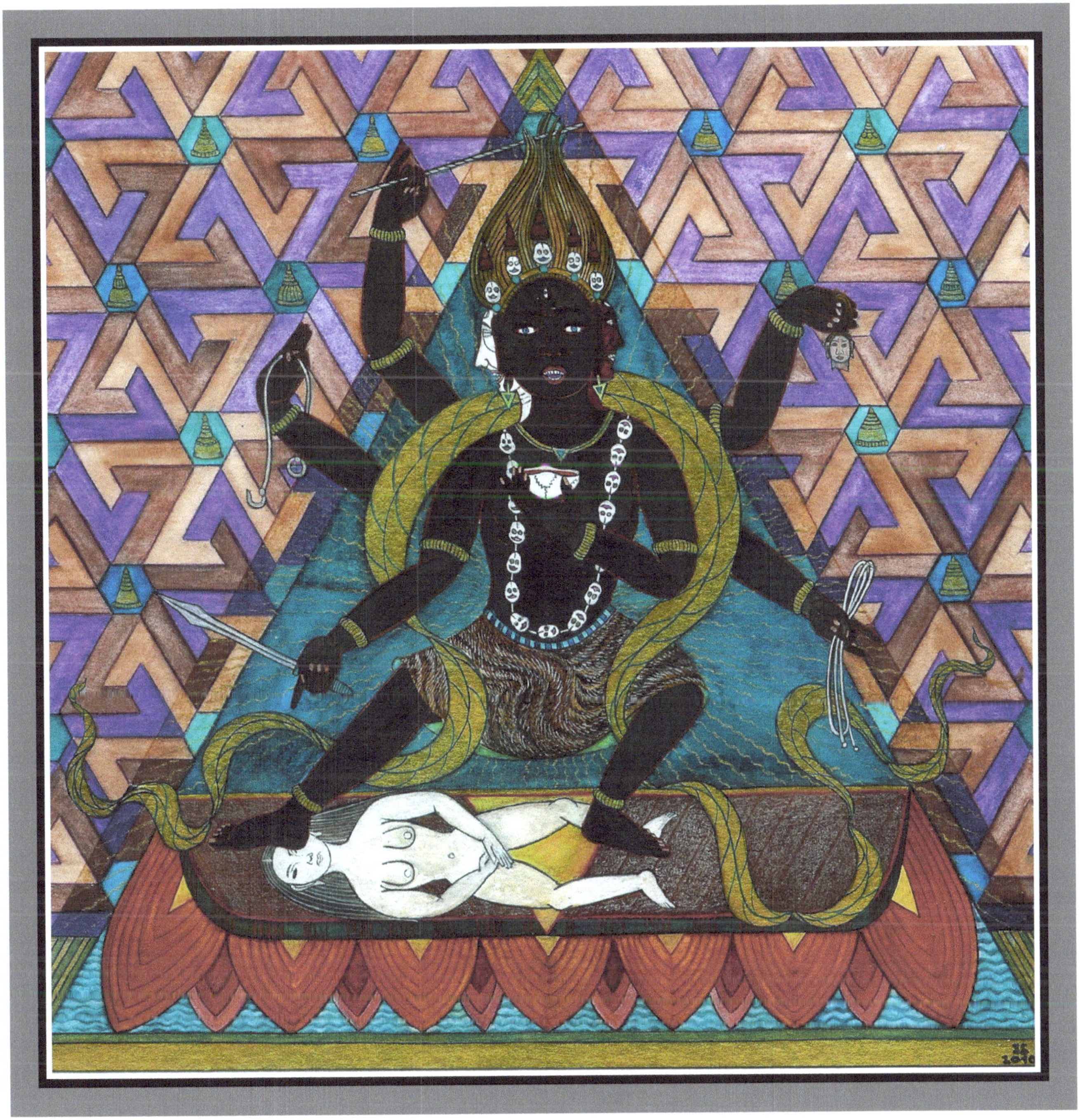

15. TĀRĀ DIE GROSSE FRIEDVOLLE
MĀHA-ŚĀNTI-TĀRĀ

namaḥ sive subhe sānte
sānta nirvāna gocare
svāhā-pranava-saṃyukte
mahā-pātaka-nāśani

Ehre, Ihrer ist Nirvana
voll Gleichmut, Friede und Geduld.
Mit den Silben OM und SWAHA
vermindert Sie all unser Leid.

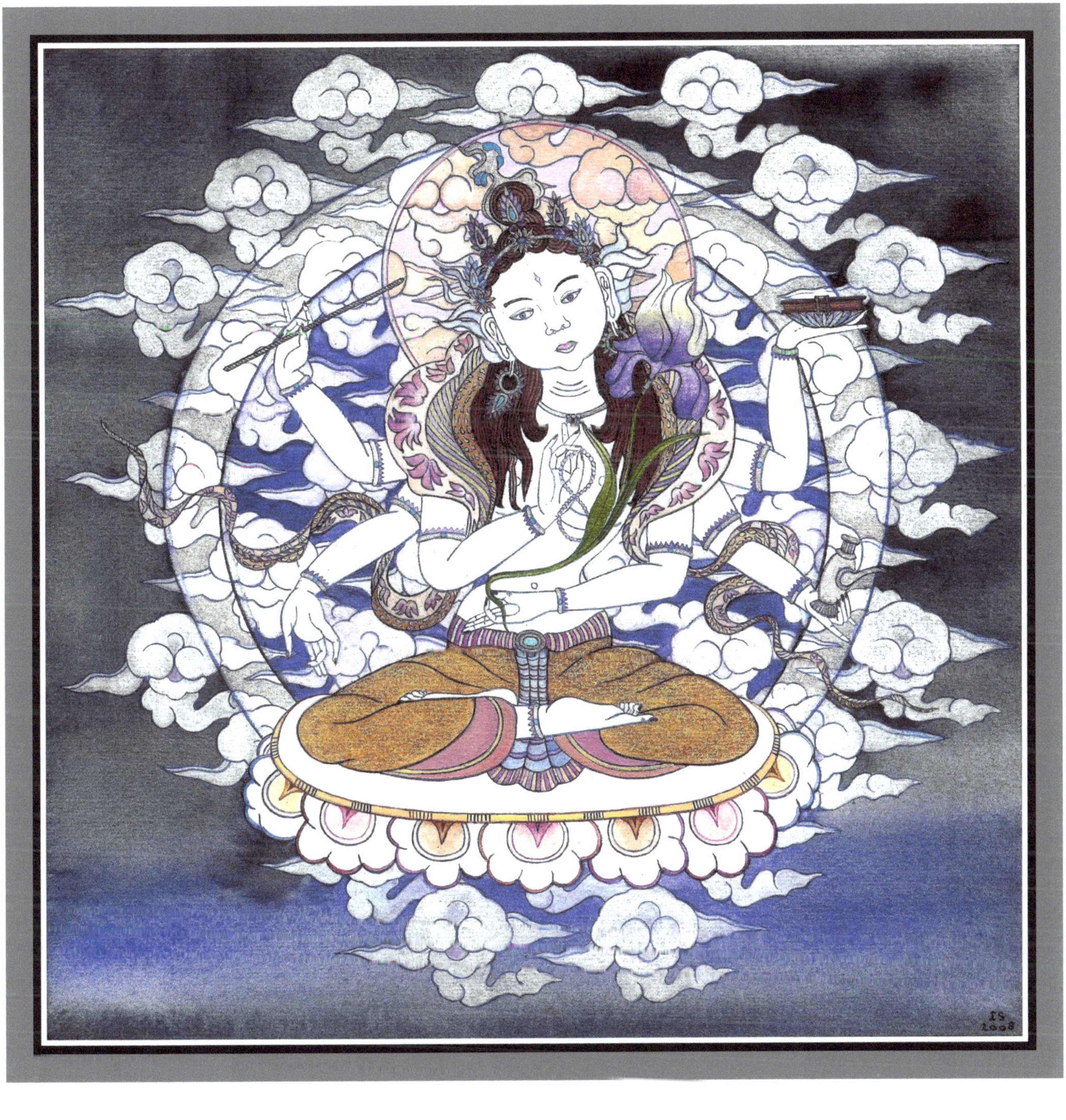
IS
2008

16. TĀRĀ DIE ALLE ANHAFTUNG ÜBERWINDET
RĀGA-NIṢŪDANA-TĀRĀ

namaḥ pramuditâbandha-
ripu-gātra-prabhedini
daśâkṣara-pada-nyāse
vidya-hūṃ-kāra-dīpite

Ehre Ihr, inmitten Freude
der Feinde Körper Sie beherrscht.
Als Schmuck die Silbengirlande,
Errettung durch Wissen von HUM.

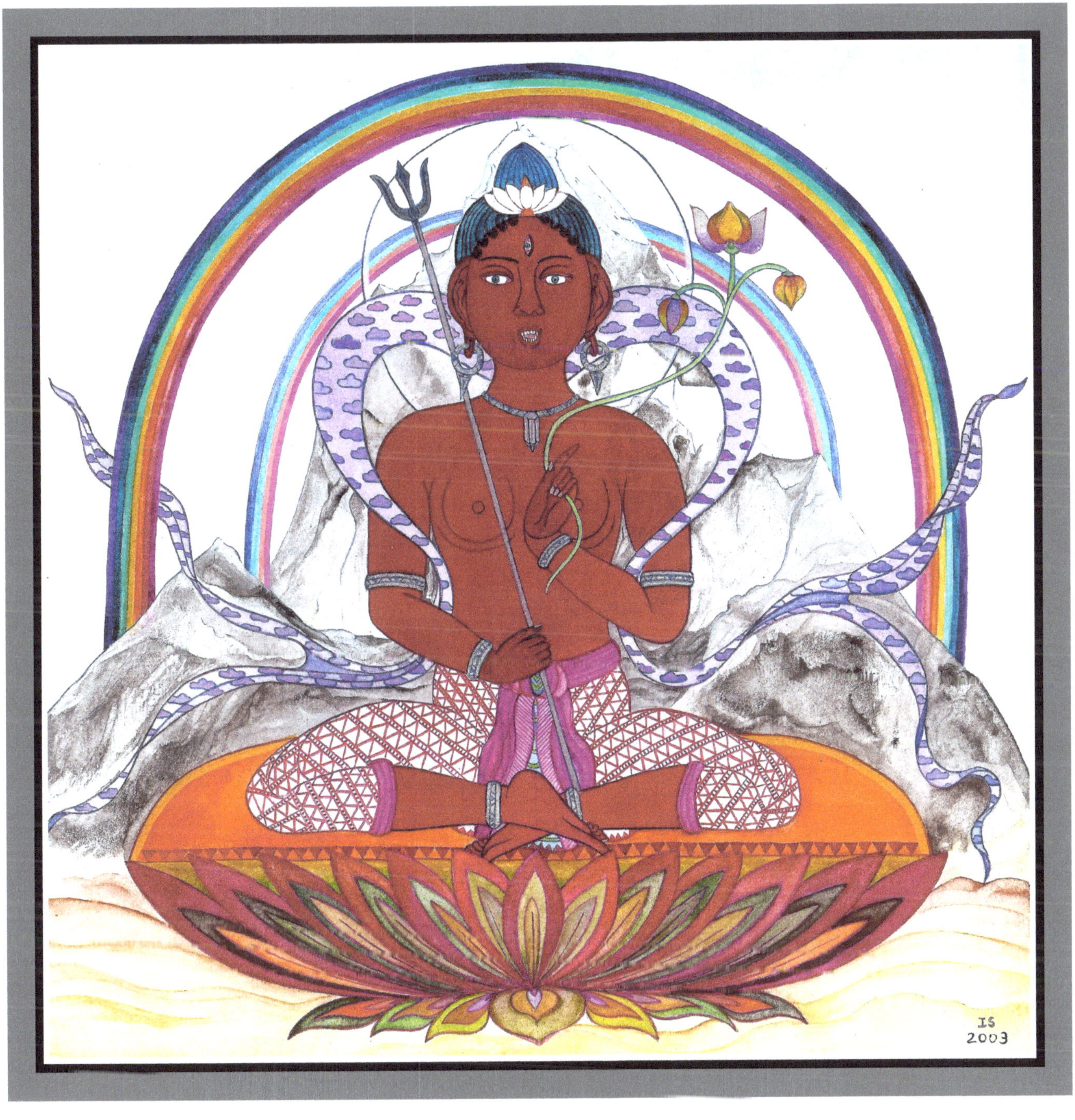
IS
2003

17. TĀRĀ DIE ALLES GLÜCK VOLLENDET
SUKHA-SĀDHANA-TĀRĀ

namas ture padâghāta-
hūṃ-kārâkāra-bījite
meru-mandara-kailāsa-
bhuvana-traya-cālini

Ehre Tara, tanzend stampfend,
geboren aus Essenz des HUM.
Unter Ihr Drei Welten zittern,
Kailāsh, Meru, Mandara.

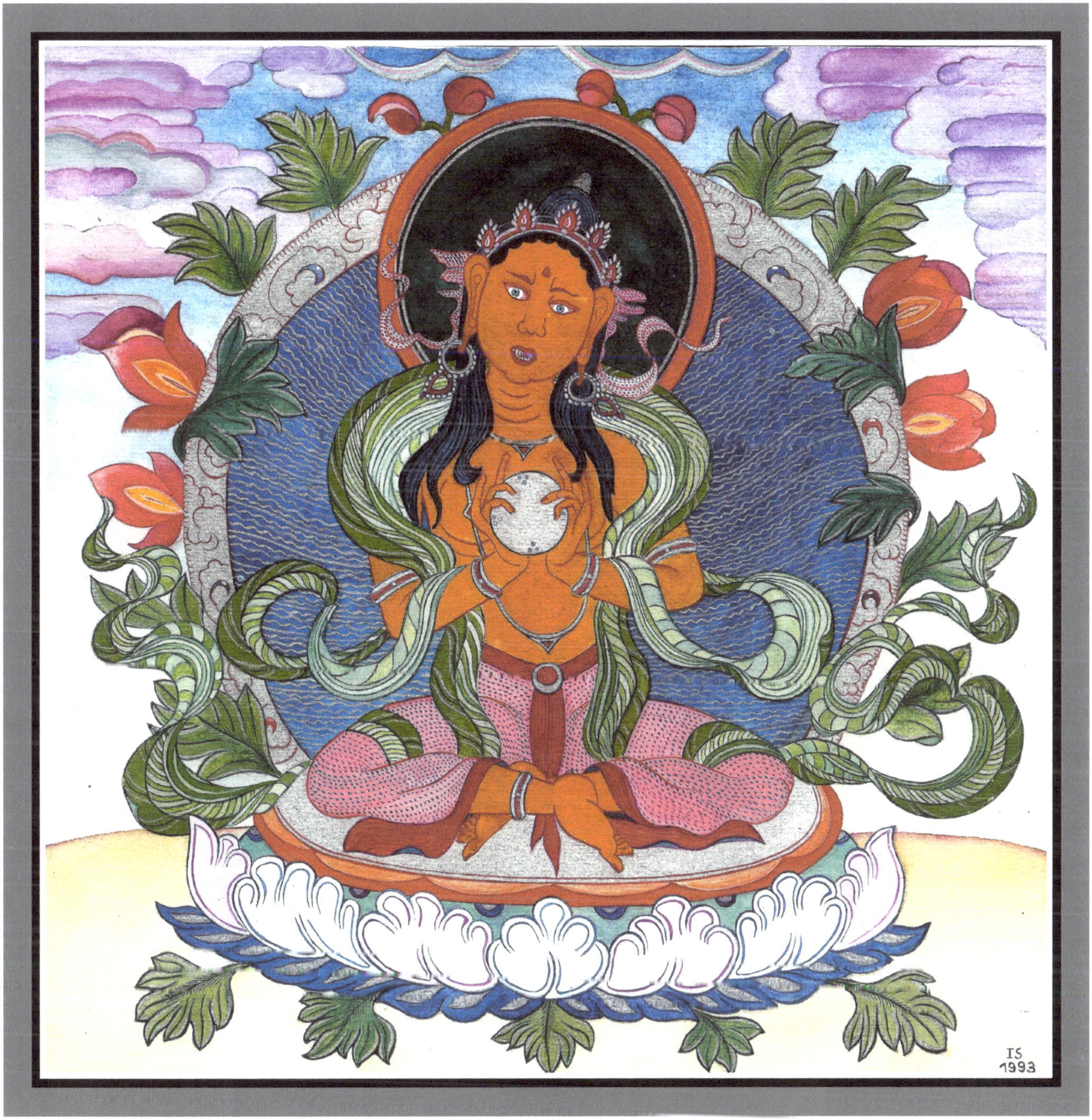
IS
1993

18. TĀRĀ DIE SIEGREICHE
VIJAYA-TĀRĀ

namaḥ sura-sarâkāra-
hariṇânka-kara-sthite
tāra-dvir-ukta-phat-kāra
aśeṣa-viṣa-nāśani

Ehre Tara, die den Mond hält,
scheint wie der Götter klare See.
Ruft Sie zweimal TRAT und PHAT aus
so löst Sie alle Gifte auf.

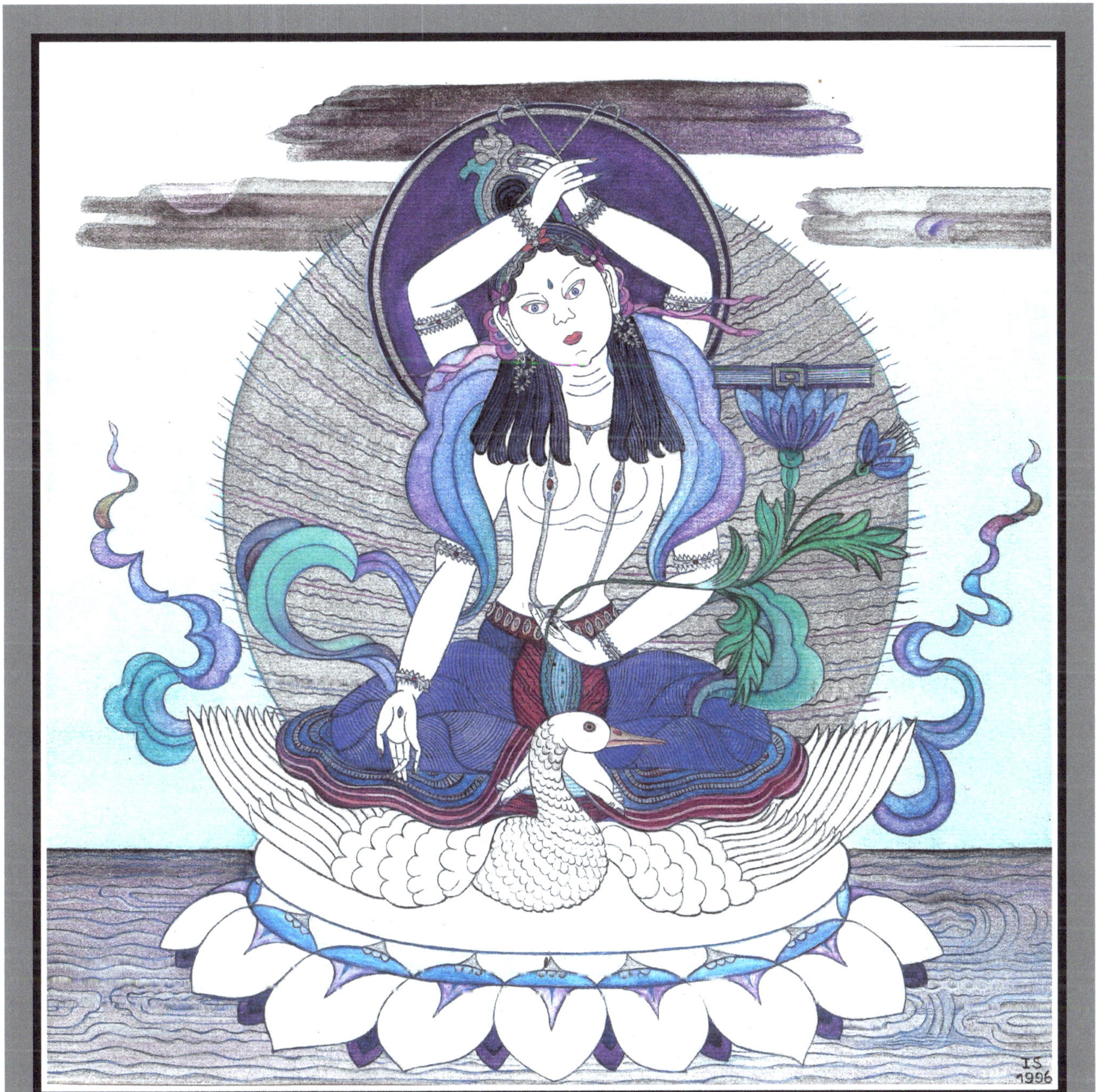
IS
1996

19. TĀRĀ DIE ALLES LEIDEN NIMMT
DUḤKHA-DAHANA-TĀRĀ

namaḥ sura-gaṇâdyakṣa-
sura-kiṃnara-sevite
ābandha-muditâbhoga-
kali-duḥsvapna-nāśani

Ehre Ihr, die Himmelsherrscher,
Devas und *Kinnaras* preisen.
Freude bringt Sie, reiche Fülle,
beendet Albtraum und Konflikt.

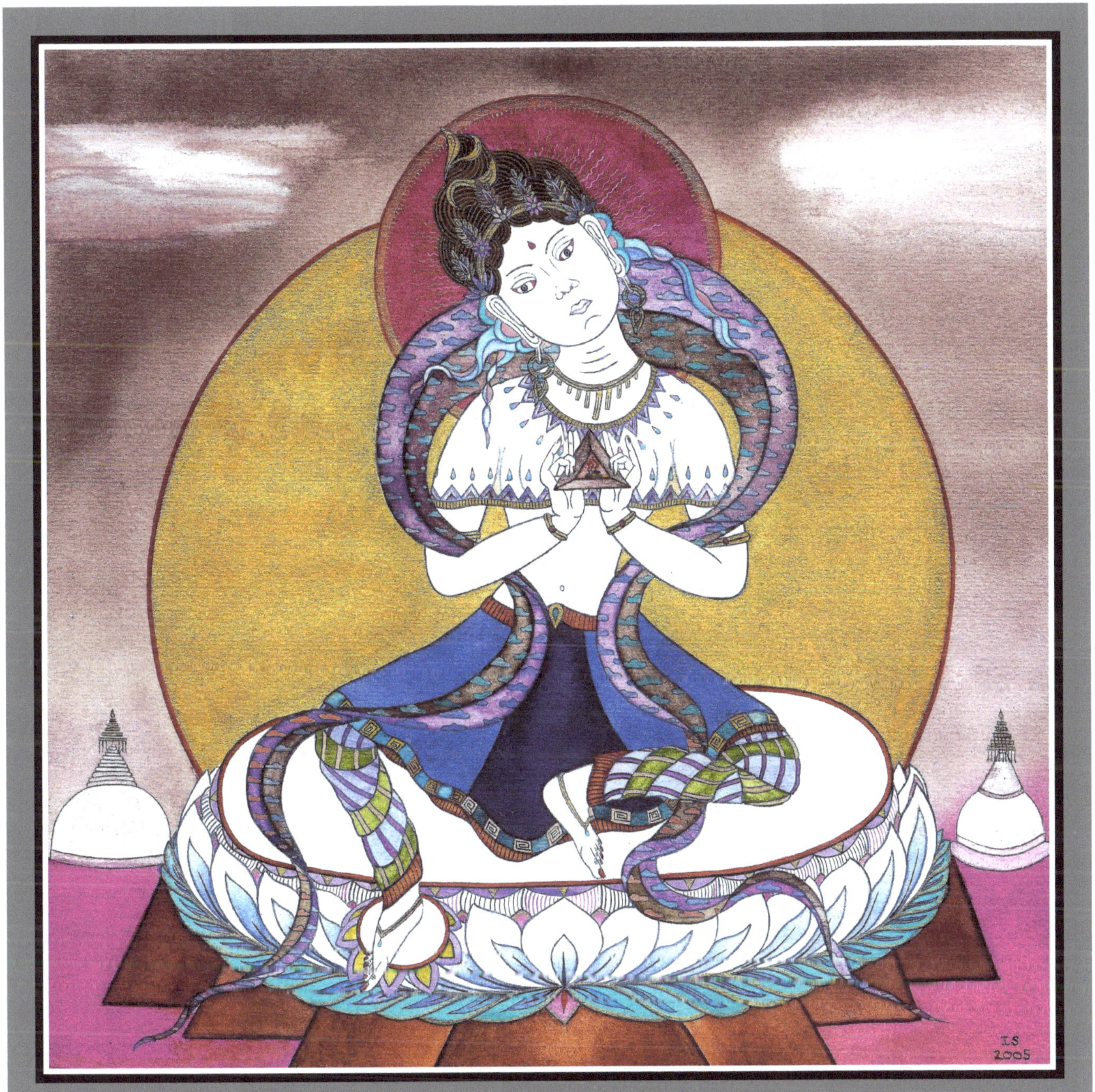
IS
2005

20. TĀRĀ QUELLE JEDER VERWIRKLICHUNG
SIDDHI-SAṂBHAVA-TĀRĀ

namaś-candrârka-sampurna-
nayana-dyuti-bhāsure
hara dvir-ukta-tuttāre
viṣama-jvara-nāśani

Ehre Ihr, die Augen leuchten
mit dem Licht von Sonne und Mond.
Zweimal HARE und TUTTARE,
Samsāras Fieber sind gestillt.

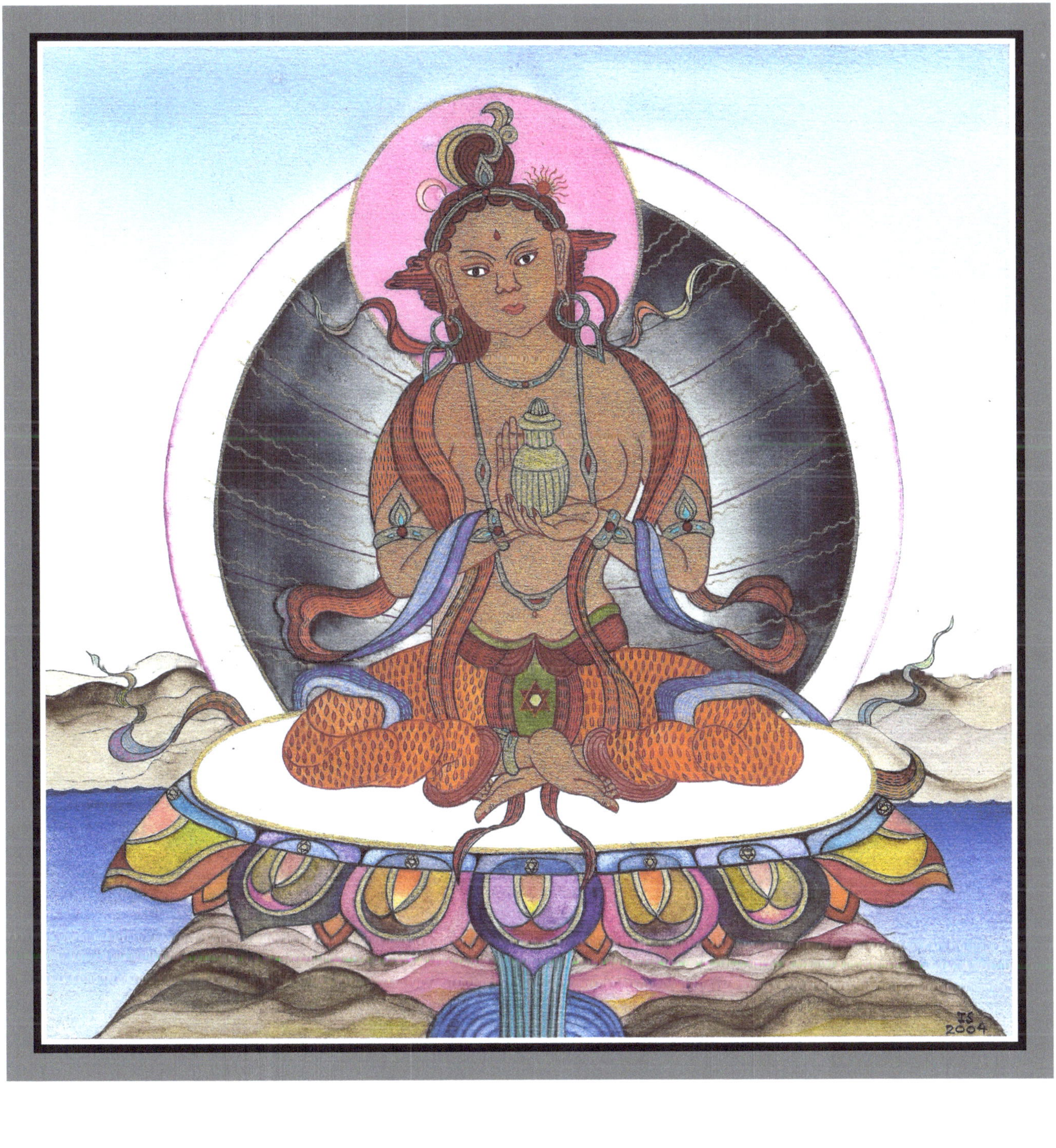
IS
2004

21. TĀRĀ DIE ALLES VERVOLLKOMMNET
PARIPŪRAṆA-TĀRĀ

namas tri-tattva-vinyāsa-
śiva-śakti-samanvite
graha-vetala-yakṣâuga-
nāśani pravare ture

Ehre Tara, Freiheit schaffend
in dreifacher Realität.
Besiegt Leid bringende Kräfte
vollendet alles mit TURE.

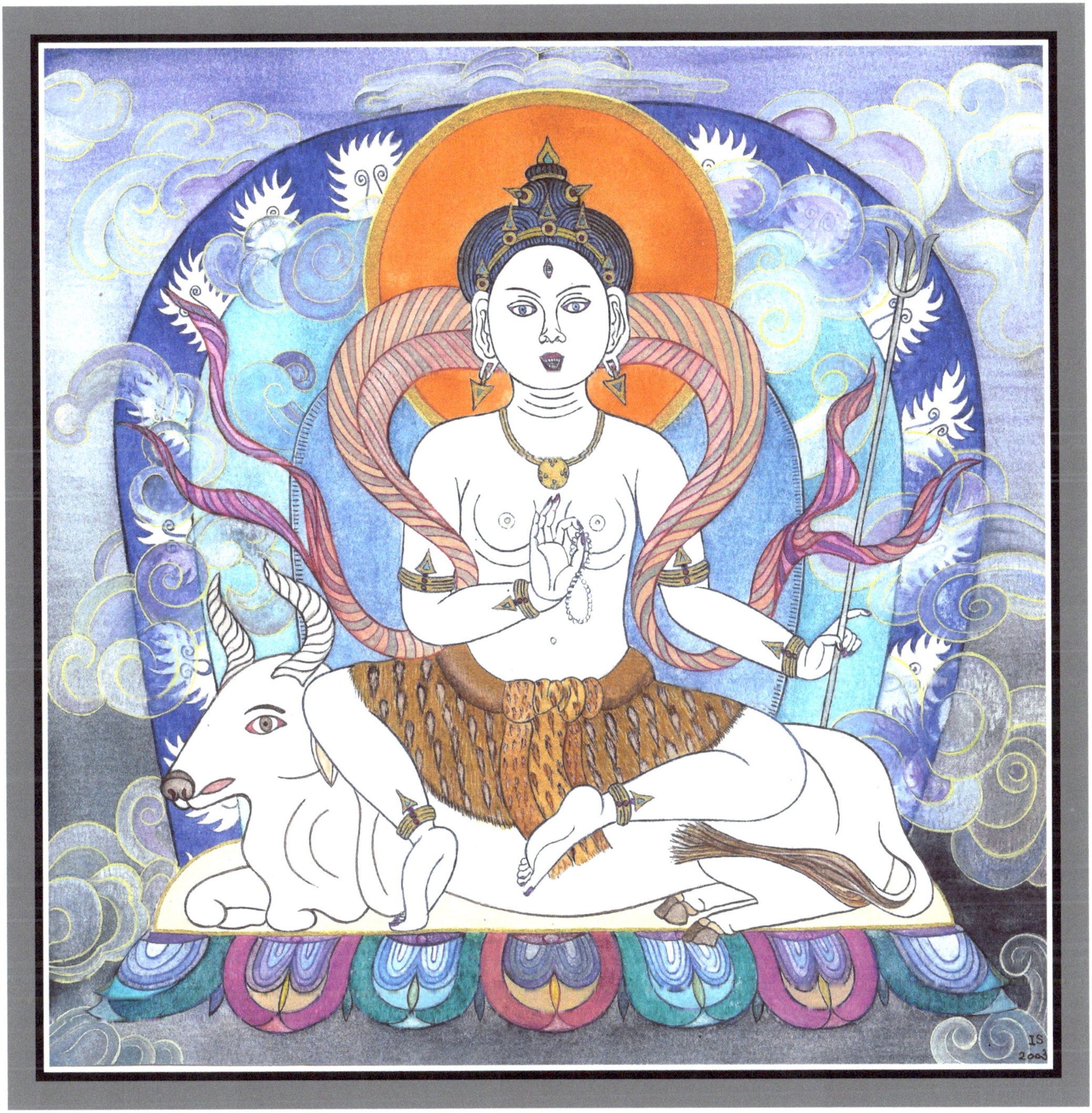
IS
2003

ÜBER DIE KÜNSTLERIN

SUSANNE ISABEL KRAJANEK

Geboren 1952 in Wien, Österreich

Technische Ausbildung zum Ingenieur für Industrielle Keramik Glas und Baustoffe an einem Technischen College in Wien.

Da ich mich mehr zur Kunst hingezogen fühlte als zu den drohenden Industrieanlagen setzte ich meine Studien in der Meisterklasse für Keramik und Bildhauerei an der Hochschule für Angewandte Kunst in Wien fort.

Seit 1976, als ich das erste Mal mit meinem Mann und meiner kleinen Tochter in Indien ankam habe ich die Pilgerrouten Nordindiens bereist und dort gelebt. So sind diese Plätze zum Ursprung und Inhalt meiner Kunst geworden.

Seit vielen Jahren ist das Alte Burmesische Kloster in Bodhgaya in Bihar, mein hauptsächlicher Aufenthaltsort in Indien geworden, abwechselnd mit langen Pilgerreisen in die Berge des Gharwal und Reisen nach Burma und Vietnam.

Hauptsächlich geben mir die Flüsse, Berge und Tempel Nordindiens die Ideen für meine Bilder.

Andere Veröffentlichungen :
MACH KEIN ZEICHEN AM BOOT, BURMESISCHE GESCHICHTEN

Bilder: isabelkrajanek.deviantart.com

www.ingramcontent.com/pod-product-compliance
Lightning Source LLC
Chambersburg PA
CBHW051053180526
45172CB00002B/626
9781545416372